Wat isset schön

Ruhrpott

GROH

… weil du kannz nich schöner sein, als wie du jezz schon bis …

160 Brücken wurden über sie gebaut, 219 Kilometer lang fließt sie von ihrer Quelle bei Winterberg bis nach Duisburg in den Rhein: die Ruhr. Auf ihr begann mit der Ruhrschifffahrt die Industrialisierung des nach ihr benannten Ruhrgebiets. An den Ufern der Ruhr lagerte die Kohle so dicht unter der Erdoberfläche, dass sie ohne allzu großen Aufwand gefördert werden konnte. Heute ist die Ruhr Energie- und Trinkwasserlieferant für 2,2 Millionen Menschen. Außerdem säumen etliche Schlösser und Burgen die Hänge des Ruhrtals, das heute ein bevorzugtes Naherholungsgebiet der Ruhrpottler ist. Der Kaufmann J. F. Wilhelmi wusste bereits 1828 zu berichten: „*Wer eine herrliche Gegend kennen lernen will, findet im Ruhrtal reiche Befriedigung; denn alles, was eine heitere Landschaft zu schmücken vermag, ist hier in einem Bezirk von wenigen Stunden zu Fuß vereint anzutreffen; ein liebliches Tal, von heiteren Bergen bekränzt, Ritterburgen und Ruinen, fruchtbare Fluren und duftende Wiesen und dabei Gewerbefleiß und Handel.*“

ANNELIES

… weil ein Woaat von dir reicht un mein Herzken schlächt schnella …

Der typische Ruhrpott-„Slang“ entstand im 19. Jahrhundert aus der Malochersprache der Bergleute in den Zechen. Unten im Berg war es heiß und eng – keine besonders gute Atmosphäre für lange Dialoge. Also wurde gekürzt: aus „hör mal“ wurde *hömma,* aus „sag mal“ *samma* und aus „komm mal“ *komma.* Dazu kamen vielfältige Einflüsse der Arbeiter aus aller Herren Länder, vor allem aber aus den niederdeutschen, preußischen und polnischen Gebieten. Die Ruhrpott-Sprache hat dazu auch Teile des „Platt“ in sich. So erkennt man einen echten Ruhrpottler immer auch daran, dass er die Vokale extrem langzieht. Aus Kirche wird *Kiiache,* aus furchtbar *fuichtbaa* und aus Dortmund *Doartmund.*

uder Pils
Zum Ruhrpott
FUSSBALLSCHULE
OSTERFERIEN
tobaccoland

… weil du richtig Kohle hast …

Der Ruhrpott wird nicht umsonst auch Kohlenpott genannt. Bis die ersten Kohlen gefördert werden konnten, vollzog sich allerdings über Millionen von Jahren eine faszinierende Entwicklung. Vor ungefähr 360 Millionen Jahren, im sogenannten Zeitalter des Karbon (lat. carbo = Kohle), war das Ruhrgebiet abwechselnd Sumpfgebiet und vom Meer überflutet. Während der trockenen Zeiten verschloss der Sumpf vorher abgestorbene Pflanzen und Bäume so luftdicht, dass sie nicht verfaulten, sondern eine Torfschicht bildeten. In den Zeiten, in denen das Meer das Gebiet überflutete, gesellten sich Geröll, Schlamm, Ton und Sand zur Torfschicht. Diese Prozedur wiederholte sich im Laufe von Jahrmillionen so oft, dass der Torf vom Gewicht der verschiedenen Schichten zu Braunkohle gepresst wurde. Kohle ist also nichts anderes als der brennbare Überrest von Pflanzen, angereichert mit Kohlenstoffen. Im Ruhrgebiet entdeckte man teilweise bis zu einhundert Kohleschichten übereinander.

… weil du selten die Zeche prellen tust …

Der Begriff Zeche stammt aus dem Mittelhochdeutschen und bedeutet Ordnung, Reihe. Gemeint war damit anfangs die Gemeinschaft mehrerer Bergmänner, die zusammen ein Bergwerk betrieben. Die Mitglieder bezahlten die „Zeche“ mit ihrem Beitrag in die bergrechtliche Gewerkschaft. Der Ausdruck „die Zeche bezahlen“ wird bis heute umgangssprachlich zum Bezahlen einer Rechnung gebraucht. Die wohl bekannteste Zeche im Pott ist die 1847 gegründete *Zeche Zollverein.* Das mittlerweile stillgelegte Steinkohlebergwerk im Norden von Essen steht unter Denkmalschutz und wurde 2002 von der UNESCO zum Weltkulturerbe ernannt. Heute ist das Industriedenkmal ein geschätztes kulturelles Zentrum für Kreativwirtschaft.

Glück auf!

… weil du gut schmecken tust und wat für harte Männer bis …

Das Essen im Ruhrgebiet ist traditionell deftig und sehr gchaltvoll. Die Schwerstarbeit leistenden Bergbauarbeiter brauchten früher eben *wat ordentliches innen Magen*. Noch heute beliebt ist *Pfefferpotthast*. Das Gericht wurde bereits 1378 urkundlich erwähnt. Es besteht aus Rindfleisch, das in einem Topf mit Gewürzen so weich gekocht wird, bis es zerfällt. Aber auch *Püfferkes, Himmel und Erde, Grünkohl mit Mett* und *Panhas* lassen den Ruhrpottlern das Wasser im Mund zusammenlaufen. Der *Panhas*, hochdeutsch Pfannenhase, ist schon seit mehreren Jahrhunderten ein traditionelles Gericht. Ursprünglich gab es *Panhas* nur zu Schlachtzeiten: Die beim Würstekochen anfallende deftige Brühe wurde nicht weggekippt, sondern reduziert und mit Mehl und je nach Belieben Piment, Nelken, Speck und Blut gewürzt. Danach ließ man die Mischung in verschiedensten Formen erstarren, schnitt sie in Scheiben und briet sie in der Pfanne an.

PINKUS
Pinkus Müller

… weil die Route 66 nix is im Vergleich zu dir …

Das Ruhrgebiet hat sich in den letzten Jahren merklich verändert: der ehemalige Kohlepott entwickelte sich unübersehbar zu einer spannenden Region voll Kunst und Kultur. Dazu gehört auch die *Route der Industriekultur,* die 52 überragende Zeugnisse der industriekulturellen Geschichte des Ruhrgebietes miteinander verbindet. Die Route hat 24 Ankerpunkte, zu denen beispielsweise das *Gasometer Oberhausen* und die *Zeche Zollverein* gehören. Zu den Ankerpunkten gehören auch zahlreiche namhafte Museen. Weitere Attraktionen sind 15 Panoramen, von denen aus man einen Ausblick in die ehemaligen Industrielandschaften hat. 13 Arbeitersiedlungen, die man besichtigen kann, runden die *Route der Industriekultur* ab.

… weil du auch offen für andere Kulturen bis …

Fast 30.000 Besucher zog das Tempelfest des Sri Kamadchi Ampal Tempels in Hamm im Jahr 2007 an. Das hinduistische Gotteshaus ist nicht nur der größte Hindu-Tempel Deutschlands, er ist sogar, nach dem Neasden-Tempel in London, der zweitgrößte in Europa. Seine Geschichte ist verbunden mit der Flucht tausender Tamilen aus dem bürgerkriegsgebeutelten Sri Lanka nach 1983. Der tamilische Priester Siva Sri Paskarakurukkal gründete den „Tempel“ 1989 in seiner Mietwohnung. 1997 wurde dann im Stadtteil Uentrop der heutige Tempel errichtet. Er liegt nicht weit entfernt vom Datteln-Hamm-Kanal, der für die rituelle Reinigung im Rahmen des 14-tägigen Tempelfestes im Mai/Juni jedes Jahres von großer Bedeutung ist. Beim Tempelfest umrundet die Göttin Sri Kamadchi den Tempel und segnet dabei die Stadt und die darin wohnenden Menschen.

… weil ich et mag, dat es bei dich manchmal zugeht wie innen Taubenschlach …

Der Ruhrpott ist allgemein bekannt für seine außergewöhnliche Vereinskultur. Ob Fußball-, Skat- oder Schützenverein, ein Großteil der fünf Millionen Einwohner des Ruhrgebiets dürfte in seinem Leben einmal ein Vereinsmitglied gewesen sein. Noch heute ist das Revier bekannt für seine zahlreichen Taubenzuchtvereine. Der Sport hat seinen Ursprung im Deutsch-Französischen Krieg 1870/71, als Brieftauben zur Nachrichtenübermittlung eingesetzt wurden. Als die Nachrichten irgendwann auf deutlich schnellerem Weg übermittelt werden konnten, machten sich die Taubenzüchter einfach einen Sport daraus, ihre Tauben Wettkämpfe fliegen zu lassen. Für einige Tauben wurden die Wettkämpfe zum wahren Hochleistungssport – so setzte man sie extra auf eine spezielle Diät, damit sie noch schneller flogen.

... weil wir beide alle Zeit vonne Welt haben ...

Ab und zu hat es aber auch der geduldigste Ruhrpottler etwas eiliger. Für solche Fälle gibt es dann eigentlich die Autobahn A40, den sogenannten „Ruhrschnellweg". Bereits 1926 begannen die Planungen für die A40, die eine wichtige Verbindung zwischen West- und Osteuropa bildet. Damals bestand ein großer Teil der Verkehrsteilnehmer noch aus Pferdefuhrwerken. Mitte des 20. Jahrhunderts gab es sogar Radwege entlang der Schnellstraße. Wenn nur das Verkehrsaufkommen nicht so hoch wäre. Bis zu 140.000 Fahrzeuge nutzen die Autobahn derzeit Tag für Tag – ein zügiges Vorankommen in den Stoßzeiten wird dann leider unmöglich. Das mag auch der Grund sein, warum der „Ruhrschnellweg" unter Leidgenossen längst in „Ruhrschleichweg" umgetauft wurde. Für andere wiederum ist er einfach „der längste Parkplatz der Republik".

408
JOSEF JANEK
INTERNATIONAL TRANSPORT
VOLVO
FH12

… weil du mein Schätzelein bis – weisse Bescheid …

Wer kennt ihn nicht – Hans-Peter Wilhelm Kerkeling, besser bekannt als Hape Kerkeling. Kerkeling ist ein echtes Ruhrpottkind, er wurde 1964 in Recklinghausen geboren. Schon als Teenager trat er auf Talentwettbewerben auf und bewies großes komödiantisches Talent. 1983 gewann er seinen ersten Preis. Die kommenden Jahre arbeitete Kerkeling für den WDR und den BR und kreierte nebenher mit dem Vorschulkind *Hannilein* seinen ersten „Charakter“. Der endgültige Durchbruch gelang Kerkeling mit der Sendung *Total Normal,* die mit drei Medienpreisen ausgezeichnet wurde. Besonders im Gedächtnis geblieben ist vielen wohl seine Parodie auf Beatrix, Königin der Niederlande. Ob als *Siggi Schwäbli* oder *Horst Schlämmer,* Kerkeling überzeugt in allen Rollen. Charmant und auch ein wenig dreist entlarvt er in seinen Parodien die Oberflächlichkeit so mancher Bürger. Hape Kerkeling hat ihn einfach, den unverwechselbaren Ruhrpott-Humor, *weisse Bescheid, ne?*

… weil man dich bald auffe ganzen Welt kennen tut …

Und die Kulturhauptstadt 2010 heißt: Essen! Die Stadt Essen steht hierbei stellvertretend für das gesamte Ruhrgebiet. 53 Städte und Gemeinden bilden die erste regionale Kulturhauptstadt in der Geschichte des europäischen Titels. Das vielfältige Programm, das sich durch das ganze Jahr zieht, zeigt den Weg des Reviers aus der Industrie- in die Informations- und Wissensgesellschaft. Vergangenheit, Gegenwart und Zukunft des Ruhrgebiets werden erlebbar. Einer der spektakulärsten Programmpunkte ist sicherlich das Projekt „Still-Leben A40“. Die meistbefahrenste Autobahn Deutschlands, die A40, wird für einen Tag komplett gesperrt, und aus dem „Ruhrschnellweg“ wird für einen Tag eine 58 Kilometer lange Kunstmeile. Eine ebenso lange Tafel aus 28.000 Tischen macht das Event zum größten Straßenfest Europas.

RUHR.2010
Kulturhauptstadt Europas
European Capital of Culture

… weil du nich so schnell inne Luft fliechst …

Mehr als nur ein Industriedenkmal: Das Gasometer in Oberhausen ist Ankerpunkt der deutschen „Route für Industriekultur“ und zugleich Wahrzeichen der Stadt sowie des gesamten Ruhrgebiets. Theater, Ausstellungen, Konzerte und noch viele andere kulturelle Veranstaltungen finden hier statt, seitdem der zylindrische Gasbehälter 1988 seinen Betrieb einstellte. 1999 war das Gasometer Teil des Projektes, „The Wall“, des berühmten Künstlerpaares Christo und Jeanne-Claude. Sie stapelten im Inneren des Turms 13.000 farbige Ölfässer zu einer Mauer in Höhe von 26 Metern. Ursprünglich diente das Gasometer seit 1928 dazu, Gas für die umliegenden Kokereibetriebe zu speichern und, je nach Bedarf, wieder abzugeben. Mit 117 Metern Höhe und 67 Metern Durchmesser war es damals der zweitgrößte zylindrische Gasbehälter der Welt.

DAS
SATELLITENBILDER
AUGE
DER ERDE VOM 29. MÄRZ
DES
BIS 2. DEZEMBER 2007
HIMMELS
DLR
evo

… weil et bei uns im Revier ganz schön heiß hergeht …

Es gibt wohl kaum eine fußballverrücktere Gegend als das Ruhrgebiet. Gleich zwei große Vereine streiten sich hier seit Jahrzehnten um die Fußballvormacht im Pott: der FC Schalke 04 und Borussia Dortmund: Blau-weiß gegen schwarz-gelb. Es gibt niemanden hier, den ein Revierderby zwischen den beiden Erzrivalen kalt lässt. In vielen Betrieben beeinflusst das Ergebnis des Derbys die Stimmung für Tage. Die Zugehörigkeit zum jeweiligen Verein wird in den Familien weitervererbt und kann eigentlich nicht gewechselt werden. Dabei sind sich die beiden Vereine gar nicht so unähnlich. Beide entstanden in typischen Arbeitervierteln und waren auch für die vielen osteuropäischen Immigranten Anlaufstelle und Integrationszentrum zugleich. Sie sind bis heute noch Sinnbild für die Tugenden des Ruhrgebiets: Leidenschaft, Begeisterungsfähigkeit und jede Menge Herz.

GAZPROM
Bri
BVB

… weil du Nerven wie Stahl hast …

Bis ins frühe 18. Jahrhundert reicht die Firmengeschichte der heutigen ThyssenKrupp AG zurück. Die Unternehmerfamilie Krupp lässt sich sogar bis ins Mittelalter hinein in Essen nachweisen. 1811 gründete der Essener Kaufmann Friedrich Krupp eine kleine Fabrik zur Herstellung von Gussstahl. Ein paar Jahrzehnte später, 1891, beginnt der rasante Aufstieg des Thyssen-Konzerns. Die Geschichte des größten deutschen Stahl- und Rüstungsunternehmen ist unmittelbar mit der Industrialisierung Deutschlands verbunden. Die Thyssen Stahl AG und die Krupp Stahl AG schlossen sich 1999 zur ThyssenKruppAG zusammen und beschäftigen heute weltweit an die 191.350 Mitarbeiter.

… weil dein Humor einfach toffte is …

„Ich war damals mit zehn das, was die meisten in diesem Alter waren, sind und hoffentlich immer sein werden: ein Lausejunge.“ Dieser Satz stammt von keinem geringeren als Heinz Rühmann, einem der bekanntesten deutschen Schauspieler des 20. Jahrhunderts. Rühmann war ein echter Ruhrpottler. Am 7.3.1902 wurde er unter dem vollständigen Namen Heinrich Wilhelm Hermann Rühmann in der Kettwigerstraße 1 in Essen geboren. Sein Großvater war Ingenieur bei Krupp und sein Vater hatte eine Bahnhofswirtschaft in Wanne-Eickel gepachtet. Seinen Durchbruch schaffte Rühmann 1930 mit dem Film *Die drei von der Tankstelle*. 1944 erschien sein wohl bekanntester Film *Die Feuerzangenbowle*. Heute ist der Film Kult – viele Fans treffen sich jedes Jahr, um ihn gemeinsam anzuschauen und dabei die gleichnamige Bowle zu trinken.

… weil ich mit dir am liebsten anne Bude geh'…

Nirgendwo in Deutschland gibt es so viele Buden wie im Ruhrgebiet. Rund 18.000 sind es. *Klümpkesbude, Seltersbude* oder einfach *Süßigkeitenbude* sind weitere umgangssprachliche Namen für die kleinen Kioske, an denen die Ruhrpottler gerne mal ein *Bierken* trinken und ein *Pläuschken* halten. Im Revier hat fast jeder seine Lieblingsbude, an die er immer wieder zurückkehrt. Man kennt sich eben. An jeder gut sortierten Bude bekommt man auch die heißgeliebten Pommes mit Ketchup und Mayo: *Pommes Schranke*. Wer es noch ein bisschen exquisiter mag, der bestellt sich gleich eine ganze *Mantaschale:* da hat man dann Currywurst, Pommes und Mayo in einem.

Die feine Art, Bier zu brauen.
Stauder Pils
Verkaufshalle
Stauder Pils
Die feine Art, Bier zu genießen.
HÖRZU
Bild Bild
Kicker
montags und donnerstags neu
Stern Pils Das frische Pils Stern Pils
Stern Pils Das frische Pils Stern Pils
Krombache
Pils
TRINKHAL
LUCKY STRIKE FILTERS
Jede Stunde tolle Preise
Hier gibt es
Handelsblatt
DIE ZEIT
25 Luckies
R1
R1
R1
R1
R1
TABANA
DREHSTOFF
PS

… weil du einfach ein liebenswerter Macho bis …

1981 trat eine Figur ins deutsche Fernsehen, die den Ruhrpott zum Drehort des berühmtesten Kommissars der Tatortgeschichte machte: Horst „Schimmi“ Schimanski alias Götz George. Anfangs noch als Prügel-Kommissar tituliert, spielte sich der Ermittler von Folge zu Folge mehr in die Herzen der Revier-Bewohner. In 29 Folgen präsentierte sich dem Publikum ein Bild des Ruhrgebiets, das geprägt war von hart arbeitenden Menschen, leidenschaftlichen Kleingärtnern und stillgelegten Zechen, aber auch von tiefsinnigem Humor und einem frischen Herz. Götz George verkörperte den Duisburger Kommissar Schimanski so authentisch, dass er eine richtige Identifikationsfigur für die Menschen im Ruhrgebiet wurde, obwohl George selbst im richtigen Leben eigentlich Berliner ist. Die letzte Tatort-Folge lief 1991, danach gönnte sich „Schimmi“ eine wohlverdiente Pause.

… weil et bei dich immer wat zu schnucken gibt …

Sach bloss, du verstees dat nich?

Völlich vonne Socken sein = Vollkommen überrascht sein

Hömma, wat fürn Tinneff = Ach Gott, was für ein Schund

Hier hasse wat zum Schnucken = Hier hast du was zum Knabbern

Iss dich mal nen Klümpgen = Komm, jetzt iss erstmal ein Bonbon

Komma bei misch bei jetzt = Komm doch bitte mal zu mir

Dat iss so ömmelig, da krichse Bauchschmerzn von = Das ist so furchtbar, dass man davon Bauchschmerzen bekommt

Ker, wat hasse fürn toffte Tornister! = Wow, was hast du für einen schönen Schulranzen

… weil manchmal machse mich echt platt …

Mölmsch Platt, dat üss mi Moodersprook
Mölmsch Platt dunn ick chään kalle.
Un wä`en äächte Mölmschen üss,
däm ssall et wahl gefalle.
Büss dou va`Mölm, dann merk`sche dat;
büss dou va`Mölm, dann kall ouk Platt,
büss dou va`Mölm, loot sche nëë stüare,
dat dou va`Mölem büss, ssall jeder hüare.

Chird Hardering

Neben dem typischen Ruhrpott-Deutsch gibt es in Mülheim an der Ruhr noch einen ganz besonderen Dialekt, das *Mölmsch Platt*. Das ist der ganz spezielle Dialekt der Stadt Mülheim. Er gehört zu der in den Niederlanden und am Niederrhein verbreiteten Gruppe des Kleverländischen und ist eine Variante des Niederfränkischen. Leider ist das *Mölmsch Platt* nicht mehr sehr häufig im normalen Sprachgebrauch zu hören, es wird jedoch von einigen Vereinen dafür umso liebevoller gepflegt.

Dou kas im Bo-osch
spaziere chon,
Merr lot die Böum
un Strüker stohn.
Süß kömp en Kähl
un schriew'sche op,
dann steihste do
mit en dicke Kopp.

… weil ich so gern mit dir anne Kemnade fahren tu …

Das Bild des heutigen Ruhrgebiets ist nicht nur von denkmalgeschützten Zechen geprägt. Rund um die Ballungszentren erstreckt sich eine wunderschöne Landschaft, die zum Erholen einlädt. Sechs Stauseen bieten den Großstädtern Ruhe und viele Freizeitmöglichkeiten. Der 125 ha große Kemnader See zwischen Bochum und Witten ist ein beliebtes Wochenendziel der Ruhrpottler, vor allem im Sommer. Segeln, golfen, schwimmen – alles ist möglich. Wer möchte, kann am Seeufer grillen oder die nahegelegene Wasserburg *Haus Kemnade* besichtigen. Ein acht Kilometer langer Rundweg führt einmal um den ganzen See. *Nee, wat isset schön …*

... weil ich mit dir auffe höchsten Berge klettern kann ...

Eigentlich würde man das Ruhrgebiet nicht unbedingt als alpines Paradies bezeichnen. Aber wer den Pott kennt, der weiß, dass hier alles möglich ist. So befindet sich seit 2001 mitten im Revier das Alpincenter Bottrop. In einer Halle riesigen Ausmaßes verbirgt sich eine 640 Meter lange und 30 Meter breite Skipiste, die sogar eine Kurve beinhaltet. Damit ist die Piste die längste Indoor-Skihalle der Welt. Marc Girardelli, mehrmaliger Ski-Weltmeister und fünffacher Skiweltcup-Gesamtsieger, initiierte den Bau des Alpincenters, das seit einem Umbau 2006 fast zweieinhalb Millionen Besucher verzeichnen konnte. Hier können selbst eingefleischte Flachländer das Ski- oder Snowboardfahren lernen. Und natürlich kommt auch das wirklich Wesentliche nicht zu kurz – in mehreren urigen Kneipen wird täglich kräftig Apres Ski gefeiert.

… weil dat mit uns ganz tief geht …

Mit 400.000 Besuchern jährlich ist das Deutsche Bergbau-Museum in Bochum eines der bestbesuchten Museen des Landes und zugleich das bedeutendste Bergbaumuseum der Welt. In 20 Hallen bekommen die Besucher die verschiedenen Entwicklungen des Bergbaus in seinem natürlichen Umfeld zu sehen. Am spannendsten ist jedoch das originalgetreue Anschauungsbergwerk in 17-22 Metern Tiefe unter dem Museum. Der ca. 2,5 Kilometer lange Stollen schildert äußerst realistisch die Bedingungen, die damals in solchen Tunnels geherrscht haben. Nicht wundern, wenn beim Betreten des Bergwerks ein Pferd wiehert – das ist eine Erinnerung an das letzte deutsche Grubenpferd. Bis 1966 zog „Tobias" im Bergwerk Recklinghausen den Förderwagen.

DEUTSCHES BERGBAU-MUSEUM

… weil es im tiefen Westen viel besser ist, als man glaubt …

Im zarten Alter von einem Jahr zog Herbert Grönemeyer nach Bochum, 27 Jahre später begründeten ein Song und das gleichnamige Album seinen bis heute enormen Erfolg als Musiker: Mit „Bochum“ drückt Grönemeyer sowohl seine Verbundenheit zu seiner Heimatstadt als auch zum gesamten Ruhrpott aus. Heute ist das Lied die inoffizielle Hymne der Stadt Bochum und des dazugehörigen Fußballvereins. Kein Fest, keine Party, die ohne das Lied auskommt und kein Bochumer, der sich nicht heimlich ein kleines Tränchen aus dem Auge wischt. Die „Blume im Revier“ ist eben einfach liebenswert.

VfL Boch

Länderkunde

In dieser Reihe sind bisher erschienen:

Bayern – I mog di
ISBN 978-3-89008-992-8

Hessen – Mei beschd' Schtück
ISBN 978-3-89008-994-2

Ostfriesland – Ik hebb di leev
ISBN 978-3-89008-995-9

Schwaben – I han di arg lieb
ISBN 978-3-89008-993-5

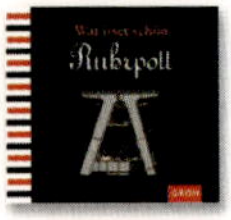

Ruhrpott – Wat isset schön
ISBN 978-3-86173-277-0

Schwiiz – I ha di gärn
ISBN 978-3-86173-216-9

Über den Autor:
Philipp Karnsdorf, geboren 1974 in Koblenz, zieht im Alter von vier Jahren in die Nähe von Dortmund. Der 34-jährige Verlagsmitarbeiter lebt heute mit seiner Frau und seiner 2 Jahre alten Tochter in Münster.

Bildnachweis:
Titel: picture-alliance/dpa
S. 3: picture-alliance/HB-Verlag
S. 5: mauritius images/imagebroker/Jochen Tack
S. 7: picture-alliance/dpa
S. 9: mauritius images/Werner Otto
S. 11: picture-alliance/HB-Verlag
S. 13: picture-alliance/dpa
S. 15: picture-alliance/dpa
S. 17: picture-alliance/OKAPIA KG, Germany
S. 19: picture-alliance/dpa
S. 21: picture-alliance/SCHROEWIG/CHL
S. 23: picture-alliance/dpa
S. 25: picture-alliance/dpa
S. 27: picture-alliance/Defodi
S. 29: picture-alliance/dpa
S. 31: picture-alliance/akg-images
S. 33: Frithjof Hirdes/zefa/Corbis
S. 35: picture-alliance/dpa
S. 37: mauritius images/Herbert Kehrer
S. 39: Hans Bovermann
S. 41: Henric Luzius
S. 43: picture-alliance/Rolf Kosecki
S. 45: mauritius images/Werner Otto
S. 47: picture-alliance/Sven Simon
U4: Aimohy/fotolia u. iStockphoto/SilkenOne

Textnachweis:
Wir danken allen Autoren bzw. deren Erben, die uns die Erlaubnis zum Abdruck von Texten erteilt haben. Ein herzliches Dankeschön auch an Henric Luzius für seine hilfreiche Unterstützung.

Idee und Konzept:
Groh Verlag.

ISBN 978-3-86713-277-0

097012-4253-02

Ein Lächeln schenken

Geschenke sollen ein Lächeln auf Gesichter zaubern und die Welt für einen Moment zum Stehen bringen. Für diesen Augenblick entwickeln wir mit viel Liebe immer neue GROH-Geschenke, die berühren.

In ihrer großen Themenvielfalt und der besonderen Verbindung von Sprache und Bild bewahren sie etwas sehr Persönliches.

Den Menschen Freude zu bereiten und ein Lächeln zu schenken, das ist unser Ziel seit 1928.

Ihr

Joachim Groh

GROH